오리기

―――― 오리기 선
------ 안으로 접기 선
-·-·-· 바깥으로 접기 선

* 오리기 선이 따로 없으면 그림의 가장자리를 따라 오려요.

5쪽 구석기 시대

7쪽 신석기 시대

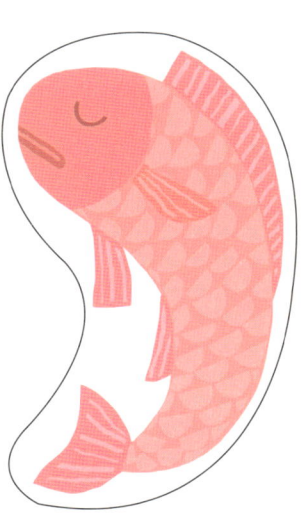
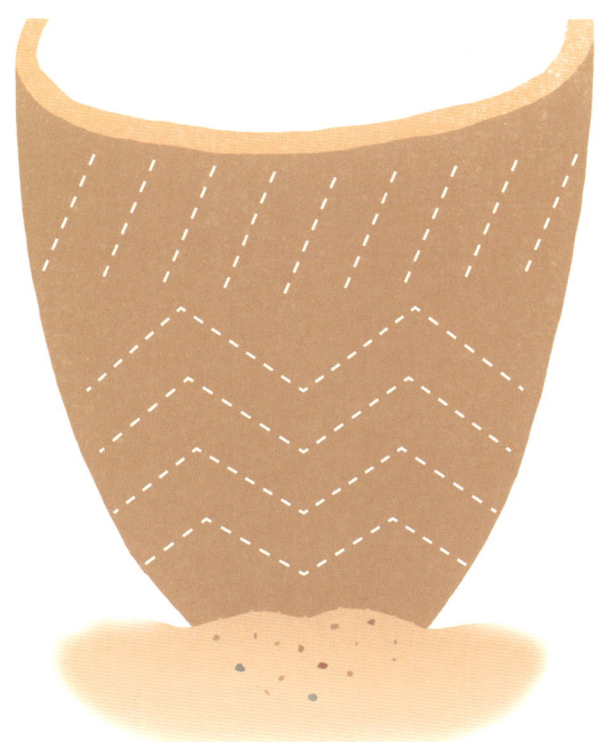

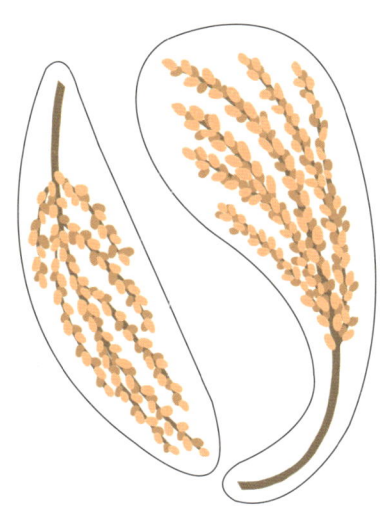

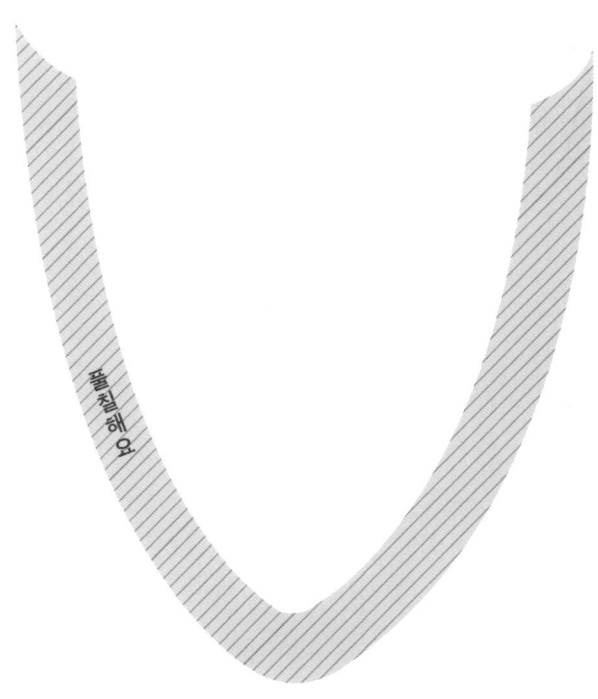

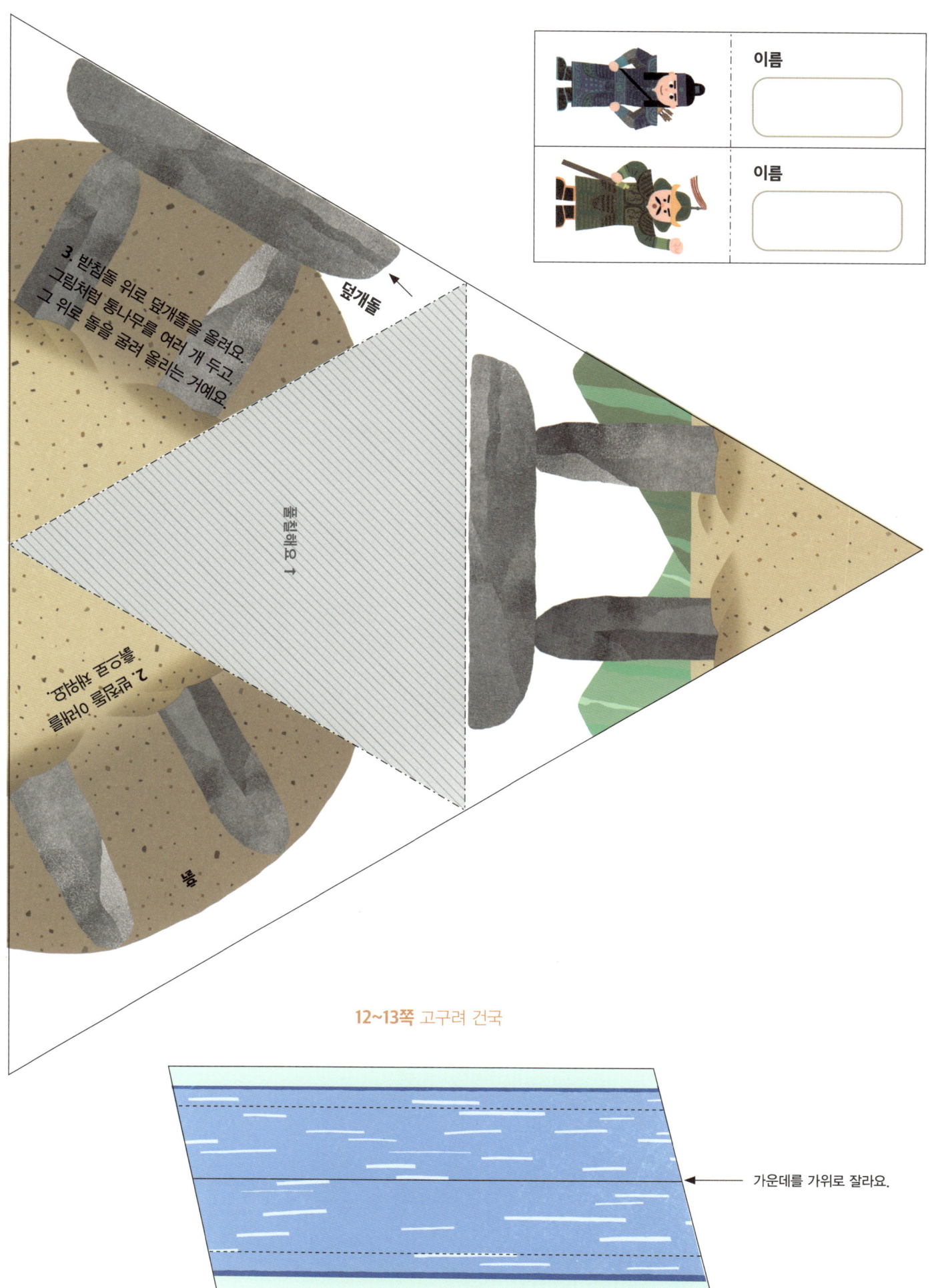

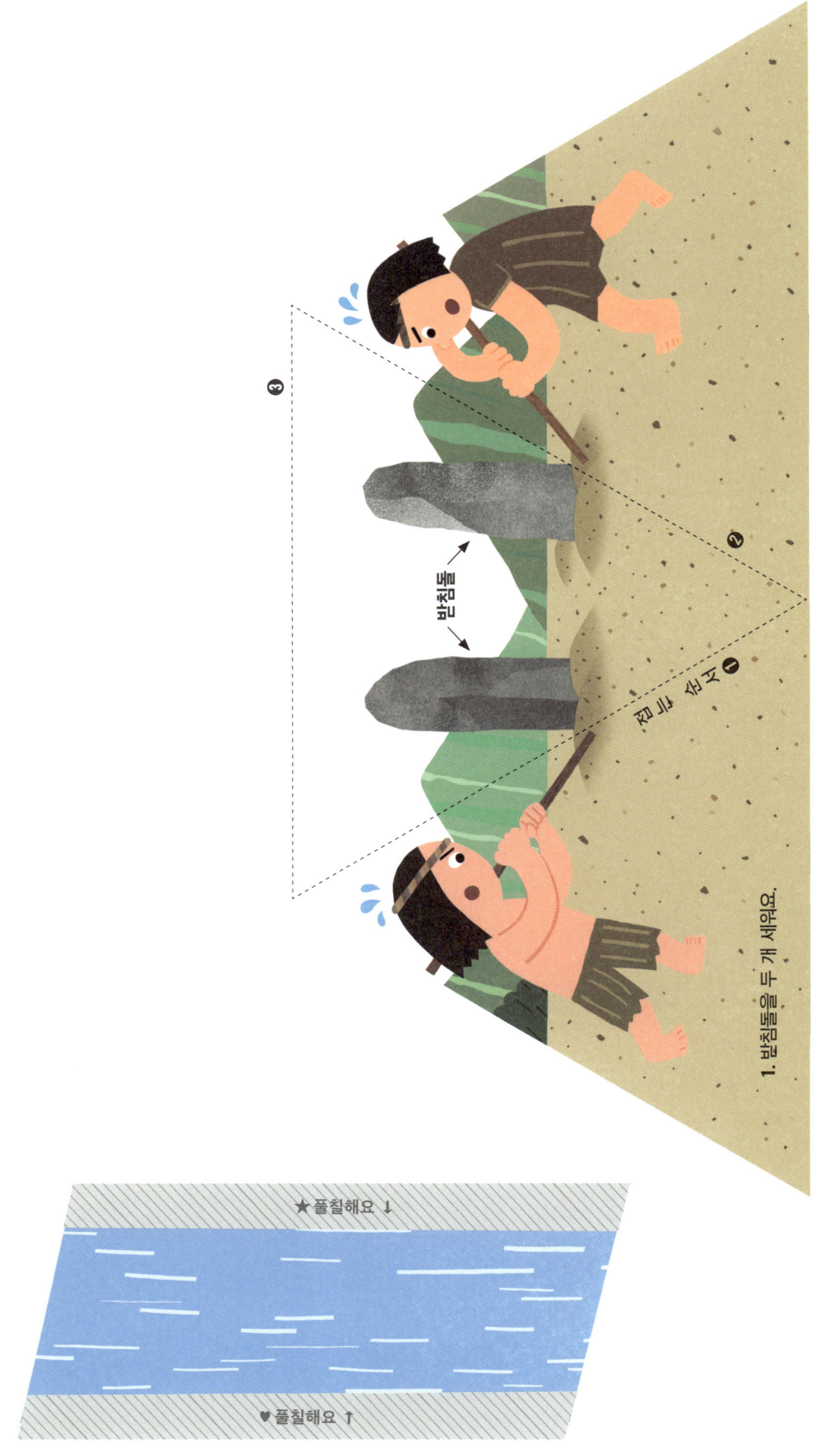

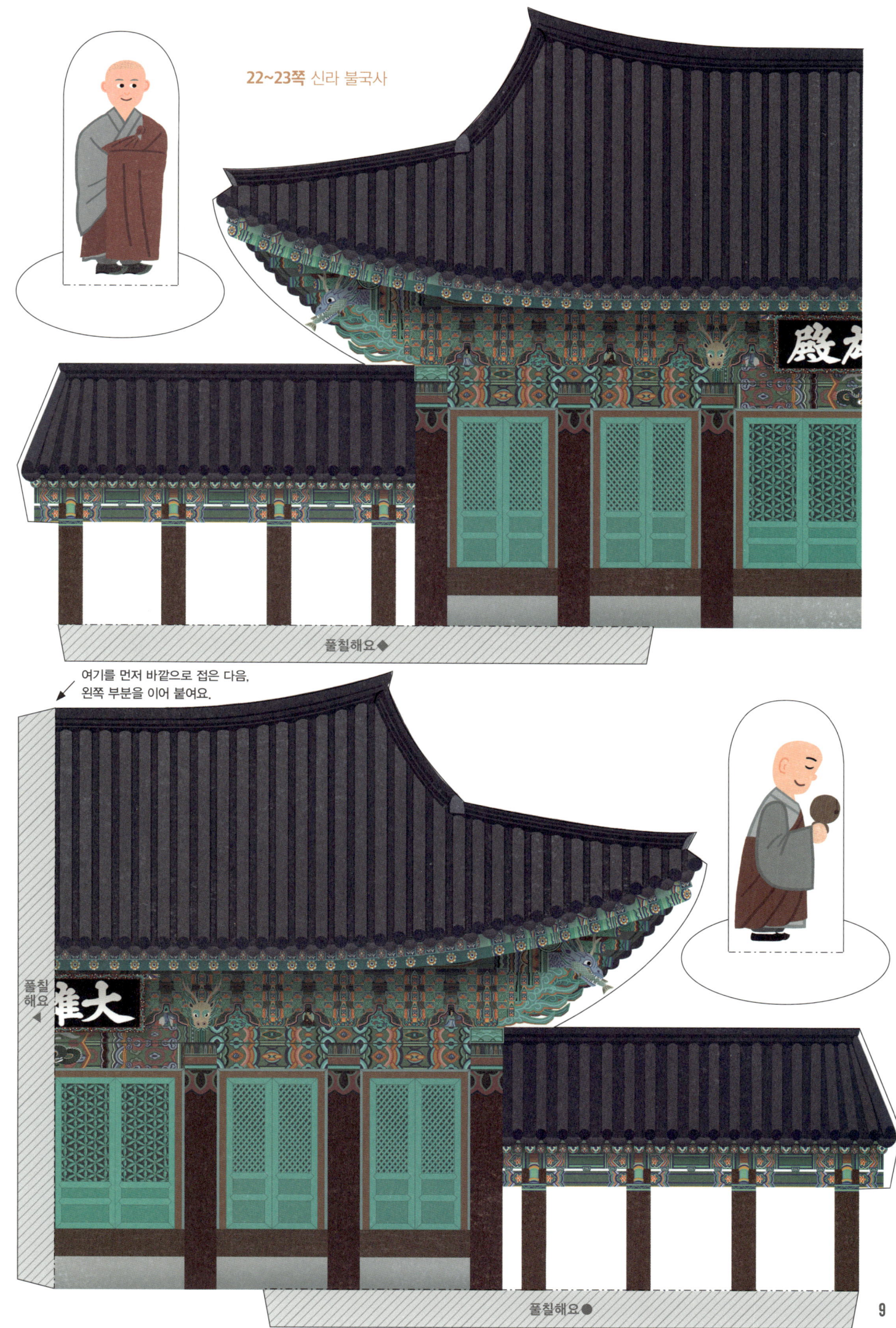

26~27쪽 고려의 후삼국 통일

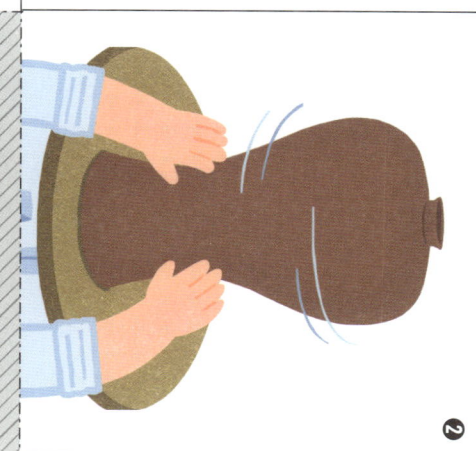

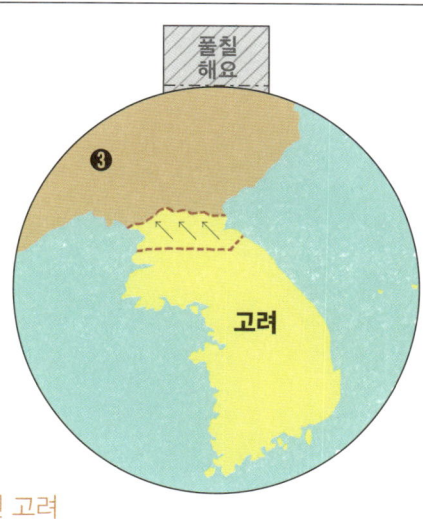

28~29쪽 외적을 물리친 고려

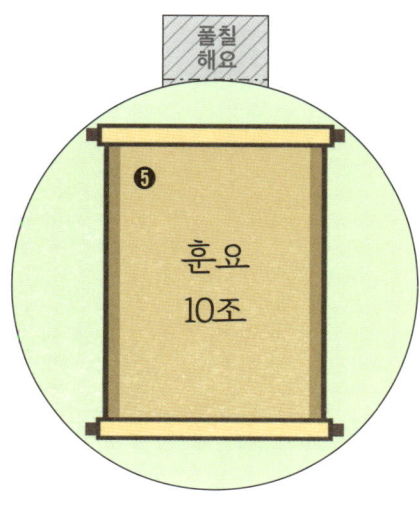

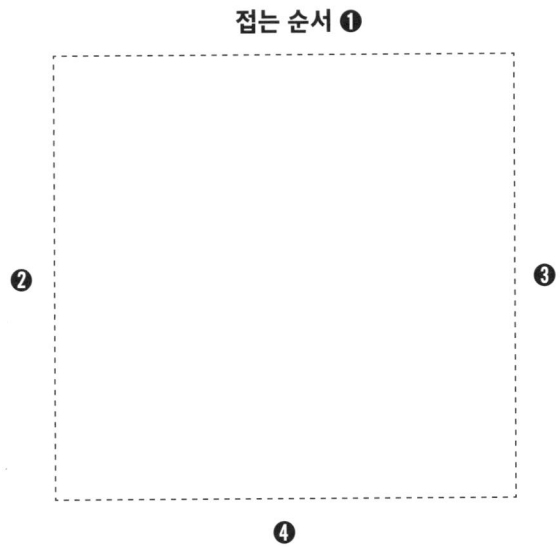

31쪽 고려 팔만대장경

36~37쪽 경복궁 근정전

(화살표 부분을 바깥으로 먼저 접은 다음 책에 붙여요.)

28~29쪽 외적을 물리친 고려

* 다 접었을 때 여기가 맨 위로 오게 한 다음, 플랩을 당겨 펼치면서 놀이해요.

풀칠해요

33쪽 문익점과 목화

40~41쪽 왕이 사는 궁궐

42~43쪽 백성들이 사는 마을

목화솜에서 얻은 실로 짠 따뜻한 무명옷

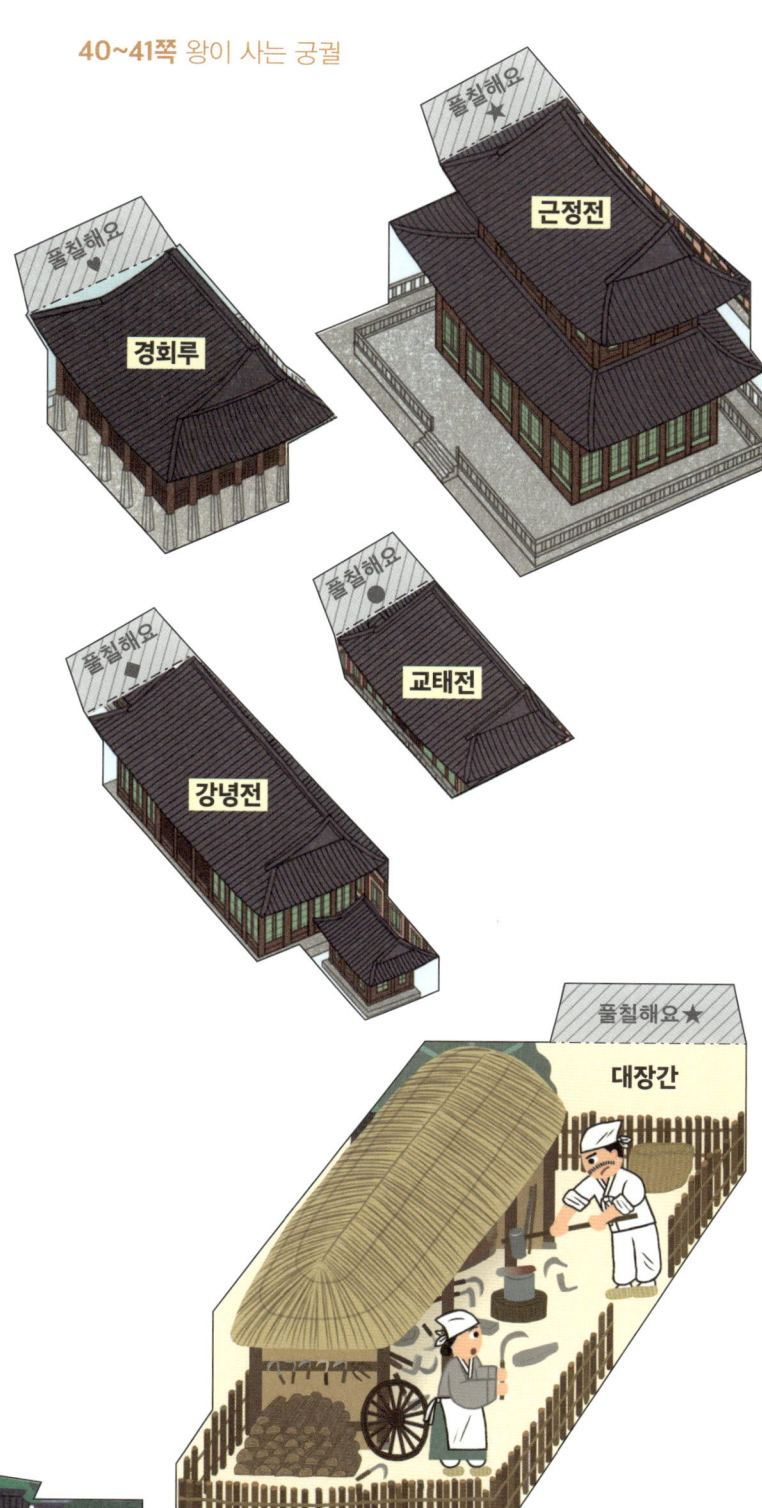

47쪽 훈민정음 창제

자음 17자
ㄱㄴㄷㄹㅁㅂㅅㅇㅈㅊㅋㅌ
ㅍㅎㆆㆁㅿ

모음 11자
ㅏㅑㅓㅕㅗㅛㅜㅠㅡㅣㆍ

❋ **훈민정음**
사람이 소리를 내는 기관인 입, 혀, 입안, 목구멍 등의 모양을 본떠 만들었어요. 자음 17자, 모음 11자로 이루어져 있지요. 지금은 자음 14자, 모음 10자 총 24자만 사용해요.

48~49쪽 장악원과 조선의 음악

50~51쪽 이순신과 임진왜란

안택선
일본의 전투함

풀칠해요 ★

판옥선
조선의 전투함

풀칠해요 ♥

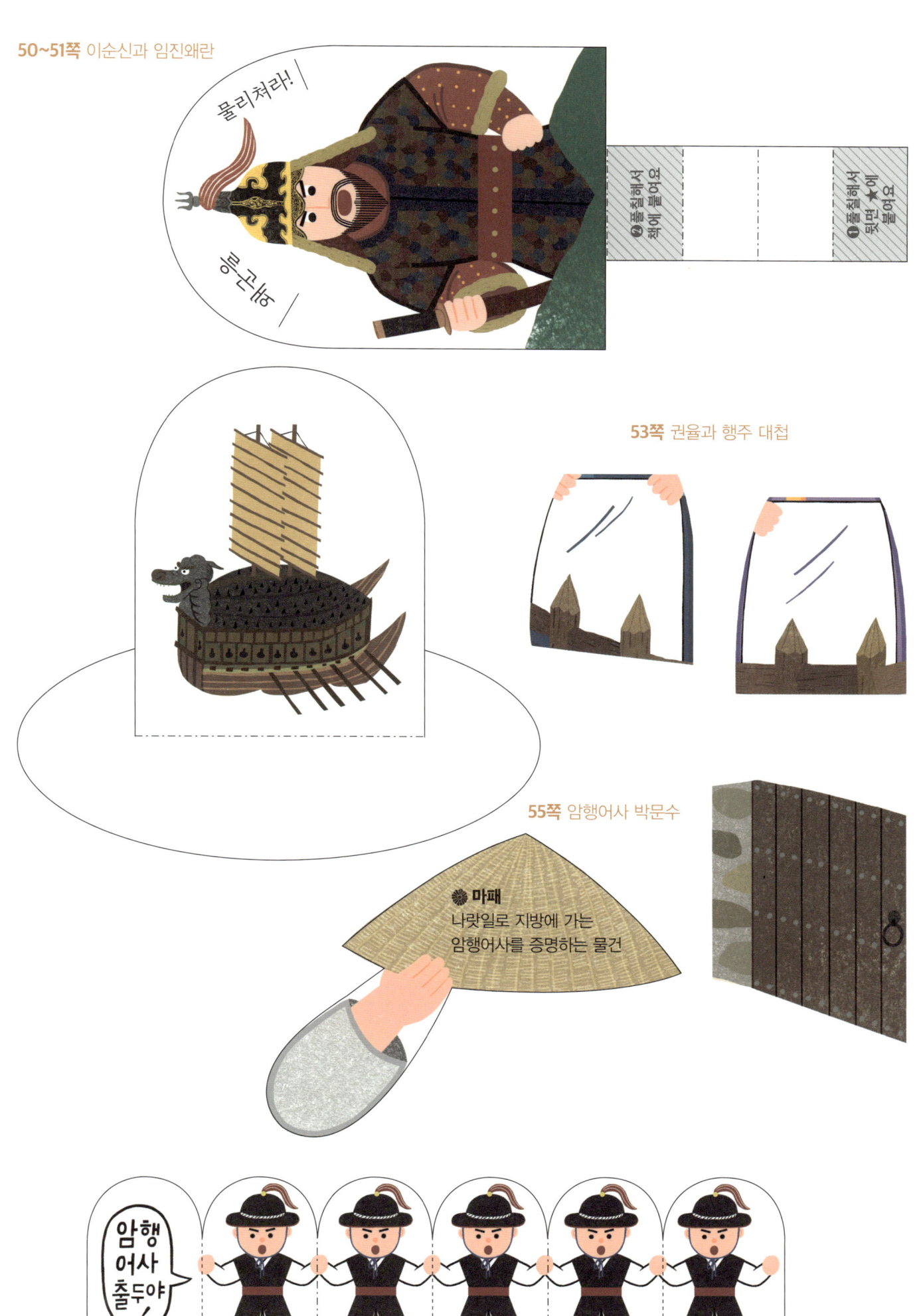

56~57쪽 정조와 수원 화성

* 칼을 쓸 때는 손이 다치지 않게 어른의 도움을 받아요.

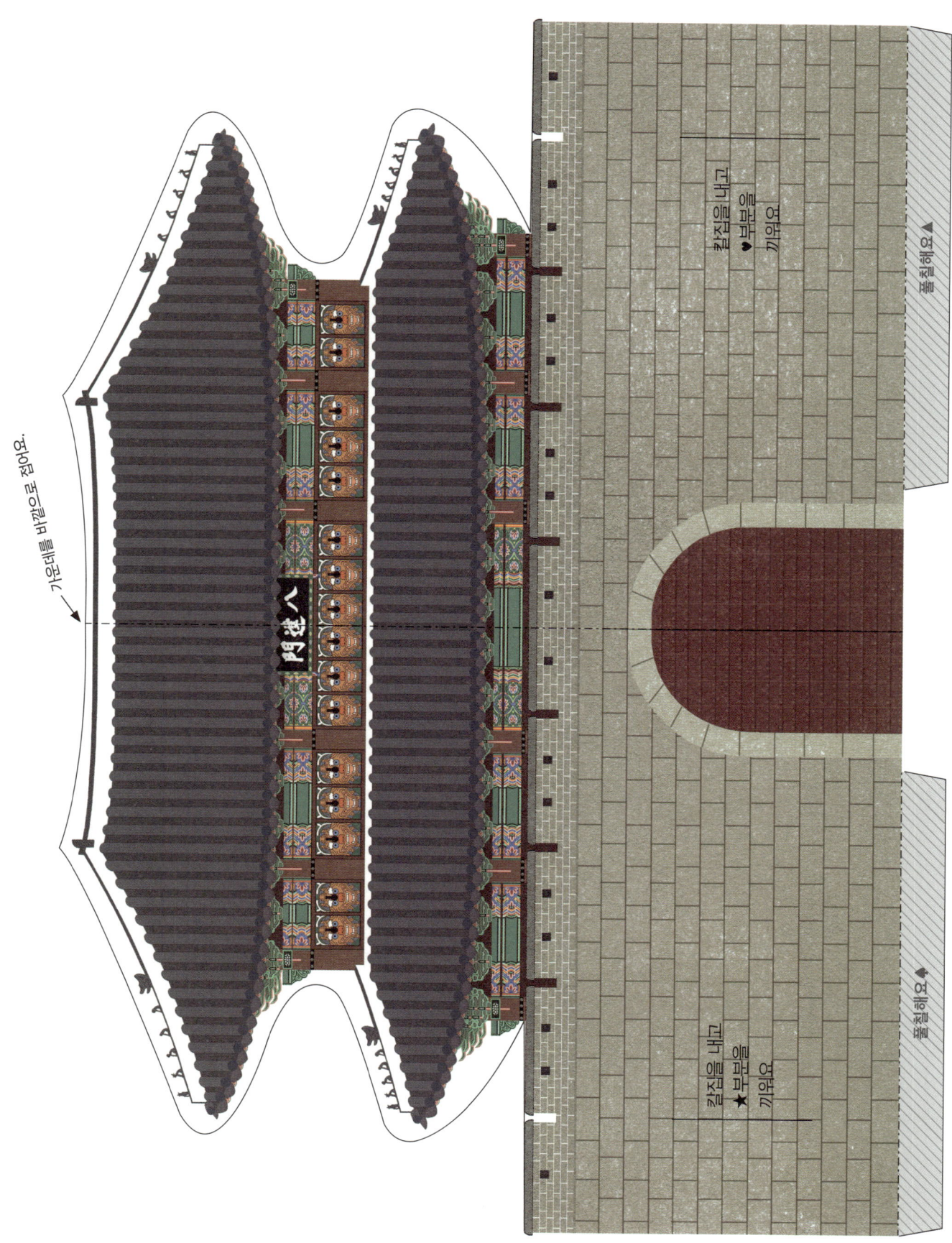

● 메인앞

◆ 메인앞

56~57쪽 정조와 수원 화성

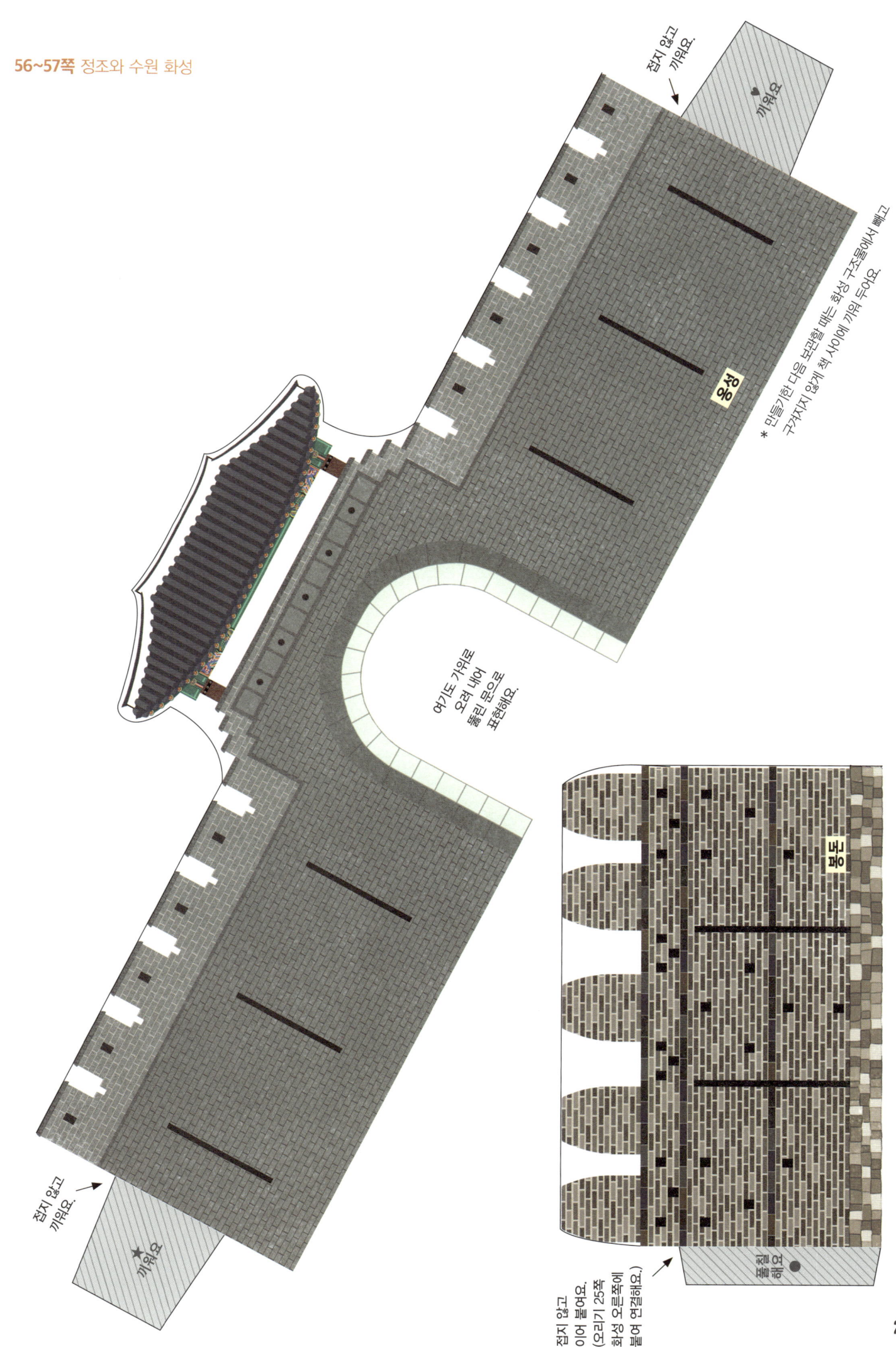

56~57쪽 정조와 수원 화성

접지 않고 이어 붙여요.
(오리기 25쪽 화성 왼쪽에 붙여 연결해요.)

서장대

61쪽 김정호와 대동여지도

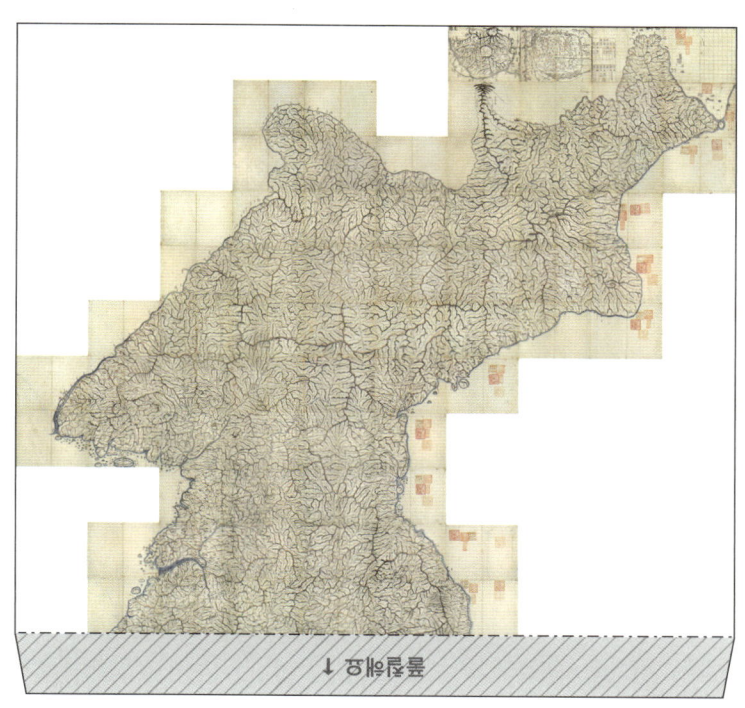

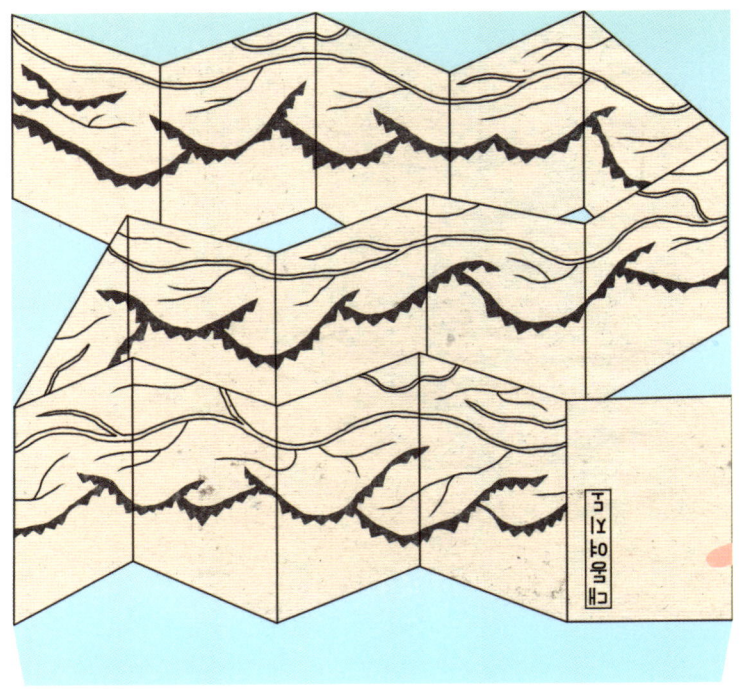

62쪽 화가 신사임당

가지와 방아깨비 | 맨드라미와 쇠똥구리 | 수박과 들쥐 | 산차조기와 사마귀

풀칠해요 ★

(안과 바깥으로 접기를 반복해서 병풍처럼 만들어 책에 붙여요.)

62쪽 화가 신사임당

63쪽 거상 김만덕

풀칠해요 ♥

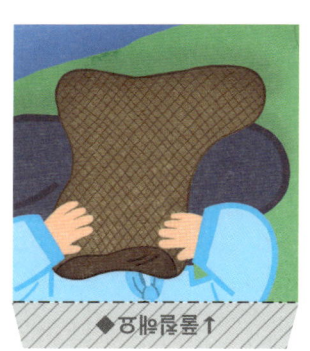
↑울렁해요 ◆

↑울렁해요 ♠

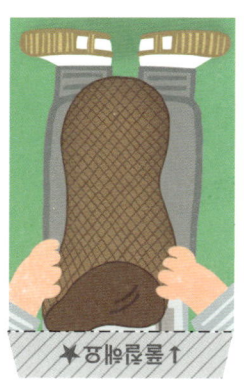
↑울렁해요 ★

스티커

4쪽 구석기 시대

6쪽 신석기 시대

9쪽 청동기 시대

16~17쪽 백제 건국

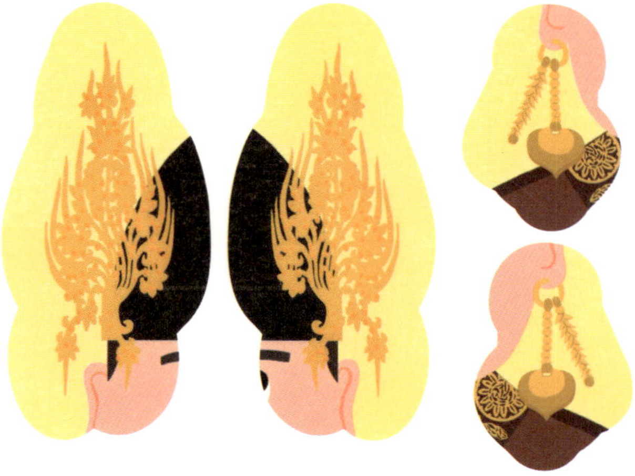

11쪽 고조선 건국

14쪽 땅을 크게 넓힌 광개토대왕

16~17쪽 백제 건국

62쪽 화가 신사임당

18쪽 신라 건국

24쪽 발해 건국

30쪽 고려 벽란도

인삼　금　부채

나전 칠기

옷감　은

곡식　종이　화문석

32~33쪽 문익점과 목화

씨를 빼는 기구　실을 뽑는 기구　옷감을 짜는 기구

46~47쪽 훈민정음 창제

"백성들이 자신의 뜻을 말하고자 하여도 그렇지 못하는 사람이 많구나. 내가 이를 가엾게 여겨 새로 스물여덟 자를 만드니, 쉽게 익히고 날마다 편하게 사용하도록 하여라."

48~49쪽 장악원과 조선의 음악

50~51쪽 이순신과 임진왜란

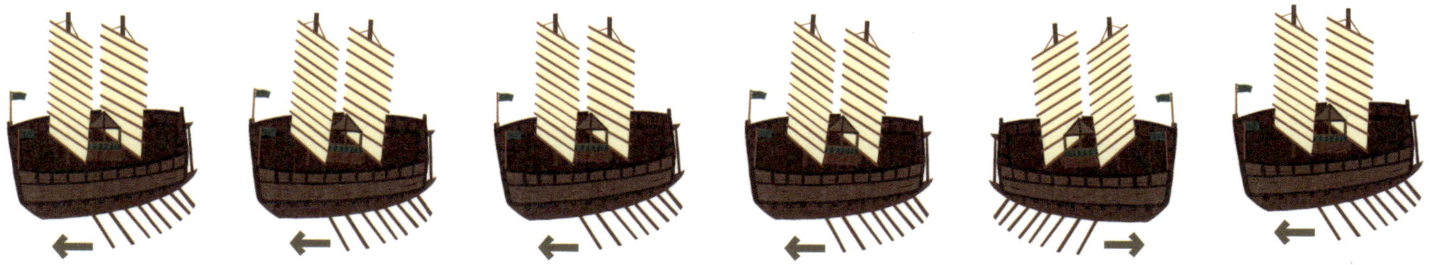

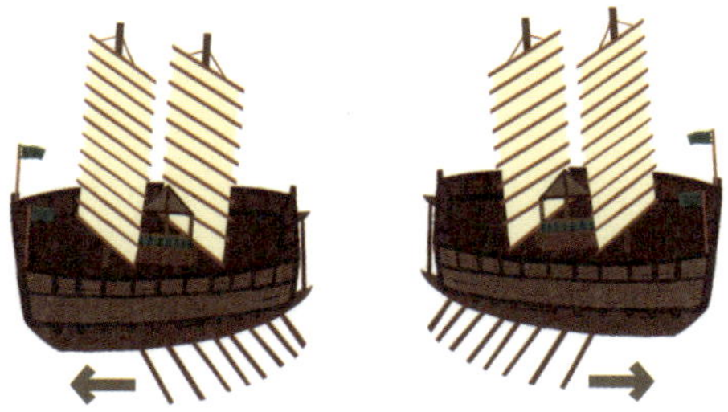

52쪽 김시민과 진주 대첩
53쪽 권율과 행주 대첩

54쪽 허준과 동의보감

61쪽 김정호와 대동여지도

56~57쪽 정조와 수원 화성

우리집

58쪽 풍속화가 김홍도